Impressum
Verlag: BABADADA GmbH, Nedderfeld 112 , 22529 Hamburg
Geschäftsführer / Verlagsleitung: Harald Hof
Druck: Books on Demand GmbH, In de Tarpen 42, 22848 Norderstedt

Imprint
Publisher: BABADADA GmbH, Nedderfeld 112 , 22529 Hamburg, Germany
Managing Director / Publishing direction: Harald Hof
Print: Books on Demand GmbH, In de Tarpen 42, 22848 Norderstedt

مکتب

colegio

صنف درسی
aula
تقسیم کردن
dividir
186/2
تخته
pizarrón
حیاط مکتب
patio de escuela
معلم
maestro
کاغذ
papel
نوشتن
escribir
خودکار
birome
میز کار
escritorio
خط کش
regla
کتاب
libro
شاگرد
alumno

بیگ مکتب

mochila

قلم دانی

caja de lápices

پنسل

lápiz

پنسل تراش

sacapuntas

پنسل پاک

goma (de borrar)

کتابچه رسم

bloc de dibujo

نقاشی

dibujo

برس رنگ زنی

pincel

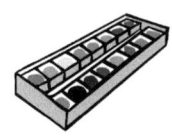

بکسک رنگه

caja de pinturas

قیچی

tijera

سریش

pegamento

کتاب تمرین

cuaderno de ejercicios

کار خانگی

tarea

12

عدد

número

2+2

جمع کردن

sumar

5-2

تفریق کردن

restar

2×2

ضرب کردن

multiplicar

حساب کردن

calcular

A

حرف

letra

ABCDEFG HIJKLMN OPQRSTU VWXYZ

الفبا

abecedario

hello

کلمه

palabra

متن
....
texto

خواندن
....
leer

تباشیر
....
tiza

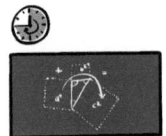

درس
....
lección

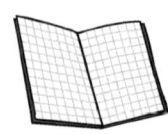

ثبت نام
....
cuaderno de clase

امتحان
....
examen

تصدیق‌نامه
....
certificado

یونیفورم مکتب
....
uniforme escolar

تحصیل
....
educación

دانشنامه
....
enciclopedia

پوهنتون
....
universidad

مایکروسکوپ
....
microscopio

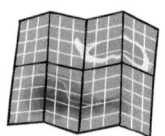

نقشه
....
mapa

سبد کاغذ باطله
....
tacho (de basura)

هوتل
hotel
لیلیه
hostel
دفتر صرافی
casa de cambio
بیگ سفری
valija
موتر
auto

زبان

idioma

بلی / نخیر

sí / no

بسیار خوب

Está bien

سلام

hola

مترجم

traductor

تشکر از شما

Gracias

قیمتش چقدر است؟

¿cuánto cuesta…?

نمی فهمم

No entiendo

مشکل

problema

عصر بخیر! / شب بخیر!

¡Buenas tardes!

صبح بخیر!

¡Buenos días!

شب بخیر!

¡Buenas noches!

خداحافظ

adiós

مسیر

dirección

بار مسافر

equipaje

بیگ

bolso

بیگ پشتکی

mochila

مهمان

invitado

اطاق

habitación

بستره خواب سیار

bolsa de dormir

خیمه

carpa

معلومات توریستی

información turística

ساحل

playa

کریدیت کارت

tarjeta de crédito

صبحانه

desayuno

طعام چاشت

almuerzo

غذای شام

cena

تکت

pasaje

لفت

ascensor

مهر

sello

مرز

frontera

گمرک

aduana

سفارتخانه

embajada

ویزه

visa

پاسپورت

pasaporte

حمل و نقل

transporte

طیاره
avión
کشتی
barco
موتر اطفاییه
autobomba
بس
colectivo
لاری
camión
قایق موتوری
lancha a motor
بایسکل
bicicleta
موتر
auto

کشتی
....
ferry

قایق
....
bote

موترسایکل
....
moto

موتر پولیس
....
patrullero

موتر مسابقه
....
auto de carreras

موتر کرایی
....
auto de alquiler

اشتراک وسایط

alquiler de autos

جرثقیل

grúa

موتر حمل زباله

camión de basura

موتور

motor

تیل

nafta

تانک تیل

estación de servicio

علامت ترافیکی

señal de tránsito

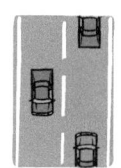

عبور و مرور

tránsito

راهبندان

embotellamiento

پارک وسایط

estacionamiento

ایستگاه ریل

estación de tren

خط ریل

vías

ریل

tren

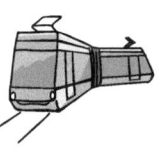

ریل برقی

tranvía

واگن

vagón

هليكوپتر

helicóptero

ميدان هوايى

aeropuerto

برج

torre

مسافر

pasajero

كانتينر

contenedor

كارتن

caja de cartón

گادى

carretilla

سبد

canasta

پرواز کردن / فرود آمدن

despegar / aterrizar

شهر

ciudad

قريه

pueblo

تياتر شهر

centro de ciudad

خانه

casa

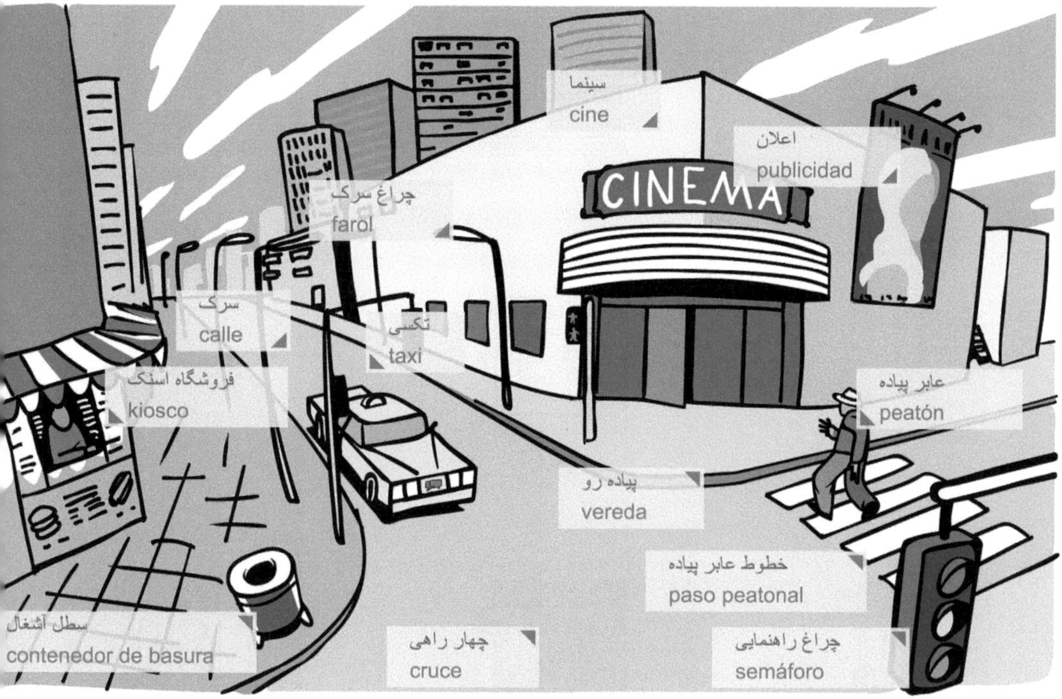

CINEMA
سینما
cine
اعلان
publicidad
چراغ سرک
farol
سرک
calle
تکسی
taxi
فروشگاه اسنک
kiosco
عابر پیاده
peatón
پیاده رو
vereda
خطوط عابر پیاده
paso peatonal
سطل آشغال
contenedor de basura
چهار راهی
cruce
چراغ راهنمایی
semáforo

کلبه

cabaña

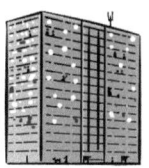

آپارتمان

departamento

ایستگاه ریل

estación de tren

تالار شهر

municipalidad

موزیم

museo

مکتب

colegio

پوهنتون

universidad

بانک

banco

شفاخانه

hospital

هوتل

hotel

دواخانه

farmacia

دفتر

oficina

کتابفروشی

librería

مغازه

negocio

گل فروشی

florería

سوپر مارکیت

supermercado

فروشگاه

mercado

فروشگاه

grandes tiendas

ماهی فروشی

pescadería

مرکز خرید

centro comercial

بندر

puerto

پارک

parque

دراز چوکی

banco

پل

puente

زینه ها

escaleras

مترو

subte

تونل

túnel

ایستگاه بس

parada del colectivo

میخانه

bar

رستورانت

restaurante

صندوق پست

buzón

علامت سرک

letrero

ماشین پارکو متر

parquímetro

باغ وحش

zoológico

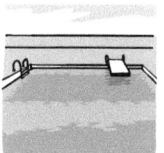

حوض آببازی

pileta

مسجد

mezquita

مزرعه

granja

آلوده گی

contaminación

قبرستان

cementerio

کلیسا

iglesia

میدان بازی

juegos infantiles

معبد

templo

چشم انداز

paisaje

برگ
hoja

لوحه
poste indicador

راه
camino

علفزار
pradera

سنگ
piedra

درخت
árbol

کوهنورد
excursionista

دریا
río

علف
hierba

گل
flor

دره
....
valle

تپه
....
montaña

دریاچه
....
lago

جنگل
....
bosque

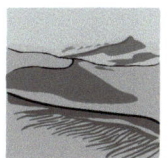

صحرا
....
desierto

آتشفشان
....
volcán

قلعه
....
castillo

رنگین کمان
....
arco iris

سمارق
....
champiñón

درخت آلو
....
palmera

پشه
....
mosquito

مگس
....
mosca

مورچه
....
hormiga

زنبور
....
abeja

عنکبوت
....
araña

قانغوزک

escarabajo

بقه

rana

موش خرما

ardilla

خارپشت

erizo

خرگوش صحرایی

liebre

بوم

lechuza

پرنده

pájaro

مرغابی

cisne

خوک وحشی

jabalí

گوزن

ciervo

گوزن شمالی

alce

بند آب

presa

توربین بادی

aerogenerador

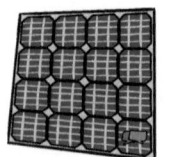

صفحه خورشیدی

panel solar

آب و هوا

clima

رستورانت

restaurante

پیشخدمت
mozo
مینوی غذا
menú
چوکی
silla
سوپ
sopa
پیتزا
pizza
قاشق و پنجه و کارد
cubiertos
روی میزی
mantel

پیش غذا

entrada

غذای اصلی

plato principal

شرینی

postre

نوشیدنی ها

bebidas

غذا

comida

بوتل

botella

فاست فود

comida rápida

غذای کنار سرک

comida callejera

چاینک/ترموز

tetera

قندانی

azucarera

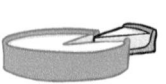

بخش غذا

porción

دستگاه اسپرسو

cafetera expreso

چوکی بلند

sillita alta

بل

cuenta

پطنوس

bandeja

چاقو

cuchillo

پنجه

tenedor

قاشق

cuchara

قاشق چای خوری

cucharita

دستپاک دسترخوان یا میز

servilleta

گیلاس

vaso

بشقاب

plato

بشقاب سوپ

plato hondo

نعلبکی

plato

چتنی

salsa

نمکدان

salero

آسیاب مرچ

molinillo de pimienta

سرکه

vinagre

روغن خوراکی

aceite

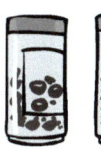

ادویه

especias

کچاپ

kétchup

ساس خردل

mostaza

مایونز

mayonesa

سوپر مارکیت

supermercado

پیشنهاد خاص
oferta especial
مشتری
cliente
لبنیات
lácteos
میوه
fruta
چرخ دستی
changuito

قصابی
....
carnicería

نانوایی
....
panadería

وزن کردن
....
pesar

سبزیجات
....
verduras

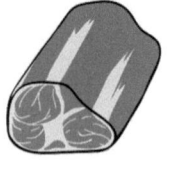

گوشت
....
carne

غذای منجمد
....
alimentos congelados

غذای سرد

fiambres

غذای کنسر شده

alimentos enlatados

پودر رختشویی

detergente en polvo

شیرینی

golosinas

لوازم خانگی

electrodomésticos

محصولات پاک کننده

productos de limpieza

فروشنده

vendedora

دخل پیسه

caja

صندوقدار

cajero

لست خرید

lista de compras

ساعات کاری

horario de atención

بکسک جیبی

billetera

کریدیت کارت

tarjeta de crédito

بیگ

cartera

بیگ پلاستیکی

bolsa de plástico

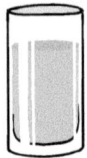

نوشیدنی ها
bebidas

آب

agua

جوس

jugo

شیر

leche

نوشابه

bebida cola

شراب

vino

بیر

cerveza

الکول

alcohol

ککو

cacao

چای

té

قهوه

café

اسپرسو

café expreso

کاپوچینو

cappuccino

غذا

comida

کیله

banana

سیب

manzana

مالته

naranja

تربوز

melón

لیمو

limón

زردک

zanahoria

سیر

ajo

چوب خیزران

bambú

پیاز

cebolla

سمارق

champiñón

مغزیات

nueces

آش

fideos

مکرونی
....
tallarines

برنج
....
arroz

سلاد
....
ensalada

چیپس
....
papas fritas

کچالو سرخ کرده
....
papas fritas

پیتزا
....
pizza

همبرگر
....
hamburguesa

ساندویچ
....
sándwich

کتلت
....
churrasco

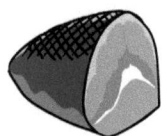

همبرگر
....
jamón

سالامی
....
salame

ساسج
....
salchicha

مرغ
....
pollo

کباب
....
asado

ماهی
....
pescado

فرنى جو
....
copos de avena

صبحانه رژیمی
....
muesli

کورن فلکس
....
copos de maíz

آرد
....
harina

کروسانت
....
medialuna

قرص نان
....
pancito

نان خشک
....
pan

توست / نان بریان
....
tostada

بیسکیت
....
galletitas

مسکه
....
manteca

چکه
....
cuajada

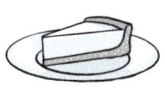

کیک
....
torta

تخم مرغ
....
huevo

تخم مرغ سرخ شده
....
huevo frito

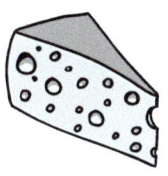

پنیر
....
queso

آيسكريم
....
helado

شكر
....
azúcar

عسل
....
miel

مربا
....
mermelada

مسکه چاكليت
....
pasta de chocolate

زردچوبه هندی
....
curry

مزرعه

granja

granja
گودام غله
granero
خرمن گاه
fardo de paja
زمین زراعتی
campo
اسب
caballo
تریلر
remolque
تراکتور
tractor
کره اسب
potrillo
خر
burro
گوسفند
oveja
بره
cordero

بز

cabra

گاو

vaca

گوساله

ternero

خوک

cerdo

خوکچه

lechón

گاو نر

toro

قاز

ganso

مرغابی

pato

چوچه مرغ

pollo

مرغ

gallina

خروس

gallo

موش صحرایی

rata

پیشک

gato

موش

ratón

گاومیش

buey

سگ

perro

خانه سگ

cucha

خانه باغ

manguera

آبپاش

regadera

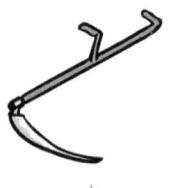

داس

guadaña

قولبه کردن

arado

داس

hoz

کج بیل

azada

چنگال باغبانی

horquilla

تبر

hacha

کراچی

carretilla

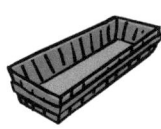

تغار

abrevadero

قوطی شیر

lechera

بوجی

bolsa

دیوار مرزی از چوب یا سیم خار دار

reja

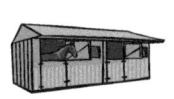

پایدار

establo

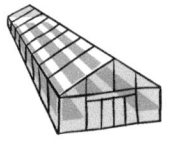

گلخانه

invernadero

خاک

suelo

تخم

semilla

کود

fertilizador

ماشین درو وخرمنکوبی

cosechadora

درو کردن

cosechar

درو

cosecha

کچالو شرین

batatas

گندم

trigo

سویا

soja

کچالو

papa

جواری

maíz

کلزا

semilla de colza

درخت میوه

árbol frutal

مانیوک

mandioca

غلات و حبوبات

cereales

خانه
casa

دودکش
chimenea
پشت بام
techo
آب رو
caño de desagüe
کلکین
ventana
گراج
garaje
زنگ دروازه
timbre
دروازه
puerta
سطل زباله
tacho de basura
صندوق نامه
buzón
باغچه
jardín

اطاق نشیمن
....
living

حمام / دستشویی
....
baño

آشپزخانه
....
cocina

اطاق خواب
....
dormitorio

اطاق اطفال
....
cuarto de los chicos

اطاق پذیرایی
....
comedor

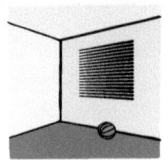

کف زمین

piso

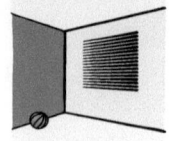

دیوار

pared

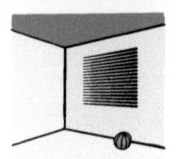

سقف

cielorraso

گودام زیر زمینی

sótano

سونا

sauna

بالکن

balcón

برنده / بالکن

terraza

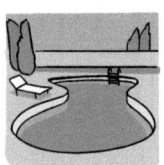

حوض

pileta

ماشین درو کردن چمن

cortadora de pasto

ورق کاغذ

sábana

روجایی

acolchado

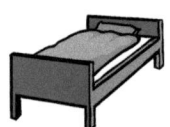

تختخواب

cama

جارو

escoba

سطل

balde

سویچ

interruptor

اطاق نشیمن

living

کاغذ دیواری
empapelado
تصویر
imagen
چراغ
lámpara
قفسه
estante
کابینت
armario
تلویزیون
televisión
بخاری دیواری
chimenea
گل
flor
بالشت
almohadón
کوچ
sofá
گلدان
florero
ریموت کنترول
control remoto

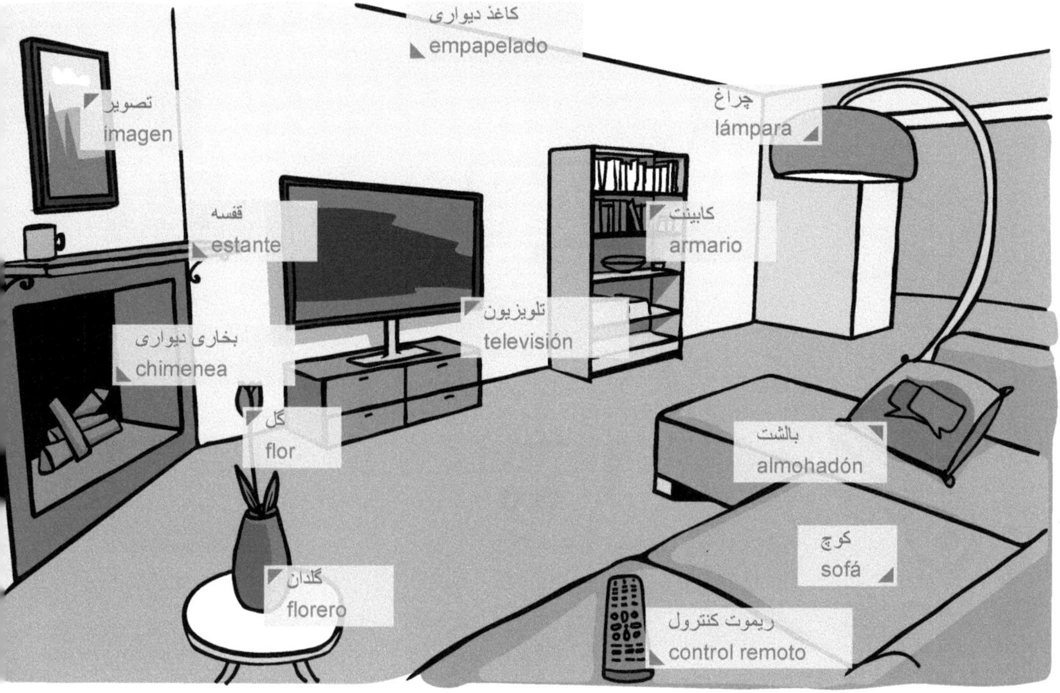

فرش

alfombra

پرده

cortina

میز

mesa

چوکی

silla

چوکی گهواره یی

mecedora

چوکی دسته دار

sillón

کتاب

libro

کمپل

frazada

دکوراسیون

decoración

هیزم

leña

فلم

película

سیستم های فای

equipo de música

کلید

llave

روزنامه

diario

تابلوی نقاشی

pintura

پوستر

póster

رادیو

radio

دفتر

cuaderno

جاروبرقی

aspiradora

کاکتوس

cactus

شمع

vela

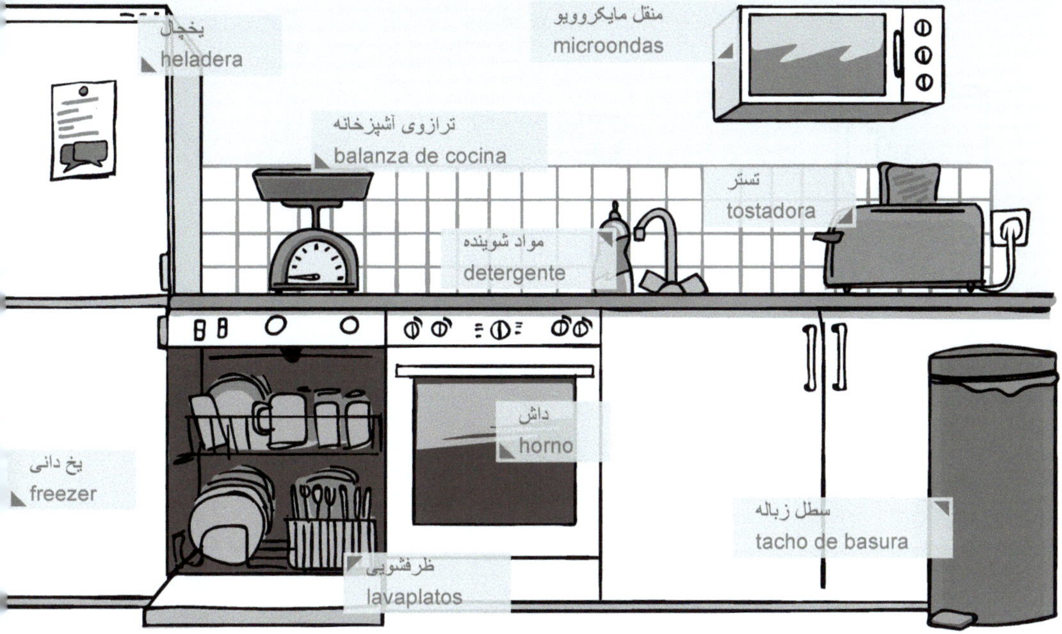

یخچال
heladera

منقل مایکروویو
microondas

ترازوی آشپزخانه
balanza de cocina

تستر
tostadora

مواد شوینده
detergente

یخ دانی
freezer

داش
horno

سطل زباله
tacho de basura

ظرفشویی
lavaplatos

منقل	دیگ	دیگ چدنی
cocina	olla	olla de hierro fundido

کراهی	تابه	چای جوش
wok	sartén	pava

بخارپز

vaporera

پطنوس طباخی

bandeja de horno

ظروف

vajilla

پیاله کلان

taza

کاسه

bol

چاپستیک ها

palitos

ملاقه

cucharón

کفگیر

estpátula

مخلوط کننده

batidora

چلو صاف

colador

غلبیل

colador

رنده

rallador

هاونگ

mortero

بار بیکیو

parrilla

آتش باز

fogata

تخته برش

tabla de picar

آشگز

palo de amasar

سر بازکن

sacacorchos

قوطی

lata

سر باز کن

abrelatas

دستگیره تکه ای

manopla

ظرف شویی

pileta

برس ظرف شویی

cepillo

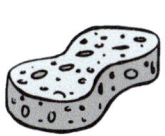

اسفنج

esponja

مخلوط کن

batidora

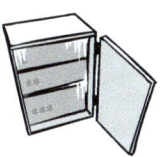

فریزر

congelador

شیر چوشک اطفال

mamadera

نل آب

canilla

حمام / دستشویی

baño

شاور
ducha
گرم کننده
calefacción
جان پاک
toalla
پرده حمام
cortina de ducha
حمام کف
baño de espuma
تب حمام
bañadera
گیلاس
vaso
ماشین لباسشویی
lavarropas
نل آب
canilla
کاشی
baldosas
پات اطفال
pelela
ظرف شویی
pileta

تشناب

inodoro

کمود فرشی

letrina

کمود

bidé

تشناب مرد ها

mingitorio

کاغذ تشناب

papel higiénico

برس کمود

cepillo para el inodoro

برس دندان

cepillo de dientes

کریم دندان

dentífrico

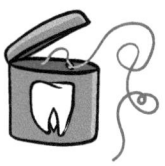

نخ دندان

hilo dental

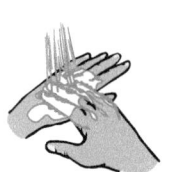

شستن

lavar

شاور دستی

ducha de mano

شاور کمود

ducha higiénica

دستشویی

palangana

برس پشت

cepillo para espalda

صابون

jabón

جل حمام

gel de ducha

شامپو

shampoo

لیف

toallita

آب رو

desagüe

کریم

crema

بوزدا

desodorante

آینه

espejo

آینه دستی

espejito

ریش تراش

maquinita de afeitar

کف ریش تراشی

espuma de afeitar

کلونیا

aftershave

شانه موی

peine

برس

cepillo

سشوار

secador de pelo

اسپری مو

spray

آرایش

maquillaje

لب سرین

lápiz de labios

رنگ ناخن

esmalte para uñas

پشم پنبه

algodón

ناخن گیر

tijera para uñas

عطر

perfume

کیسه شستشو
....
portacosméticos

چوکی چار پایه
....
banqueta

ترازوی وزن
....
balanza

جان پاک
....
bata

دستکش پلاستیکی
....
guantes de goma

تامپون
....
tampón

کوتکس
....
toallita femenina

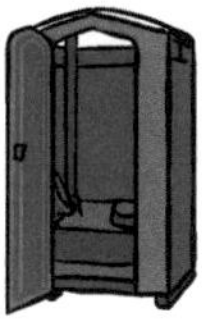

تشناب سیار
....
baño químico

اطاق اطفال

cuarto de los chicos

ساعت زنگ دار
despertador
گدی های نرم
peluche
موتر سامان بازی
coche de juguete
جرنگانه
sonajero
خانه گدی
casa de muñecas
هدیه
regalo

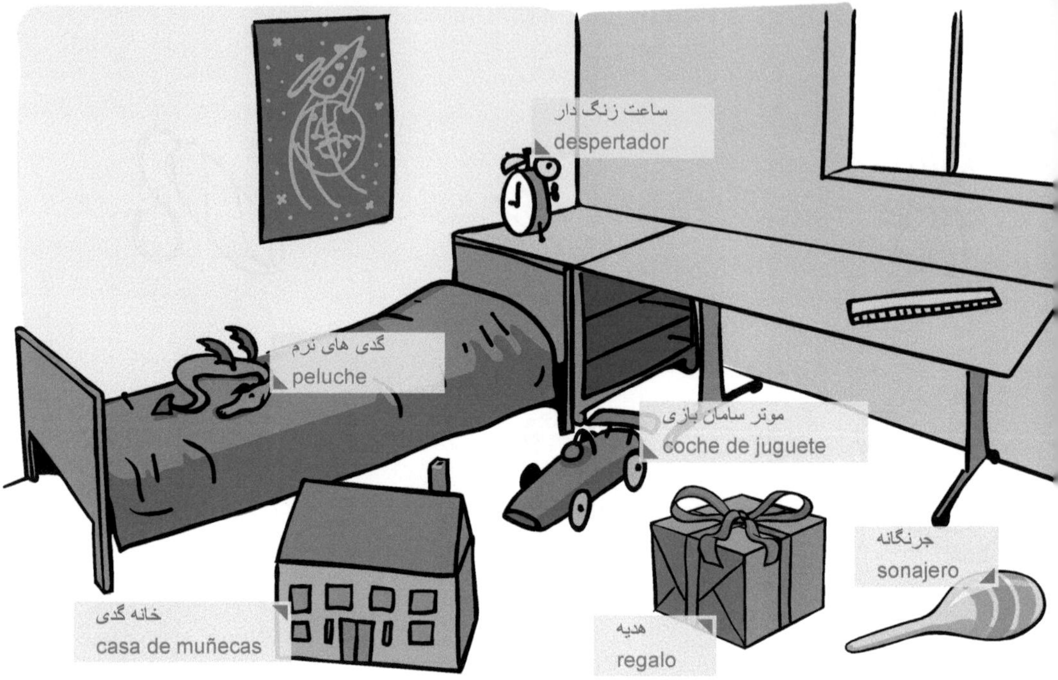

پوقانه

globo

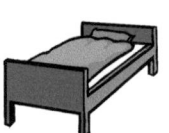

تختخواب

cama

ریکشه اطفال

cochecito

قطعه بازی

cartas

پازل

rompecabezas

خنده آور

historieta

خشت های لگو

piezas de lego

بلوک های سامان بازی

ladrillos de juguete

پچه فلم

figura de acción

لباس طفل

enterito (de bebé)

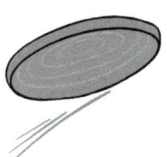

فریزبی

frisbee

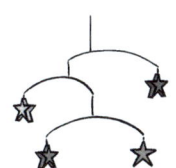

سامان بازی که روی تخت خواب اطفال
اویزان می شود

móvil para bebés

بازی تخته یی

juego de mesa

تاس

dados

ریل اسباب بازی

tren eléctrico

چوشک

chupete

مهمانی

fiesta

کتاب تصویری

libro de cuentos ilustrado

توپ

pelota

گدیگک

muñeca

بازی کردن

jugar

جعبه ریگ

arenero

گاز

hamaca

اسباب بازی

juguetes

کنسول بازی کمپیوتری

consola de videojuegos

سه چرخه

triciclo

خرس سامان بازی

osito de peluche

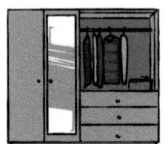

الماری لباس

armario

لباس

ropa

جوراب

medias

جوراب دراز

medias panty

برجس

calzas

چادر سر
bufanda

چتری
paraguas

بلوز
remera

کمربند
cinturón

بوت
botas

چپلک
pantuflas

کرمچ
zapatillas

چپلی
sandalias

بوت
zapatos

موزه پلاستیکی
botas de goma

نیکر
ropa interior

واسکت زنانه
corpiño

واسکت
chaleco

بدن

body

برزو

pantalones

پتلون کاوبای

jeans

دامن

pollera

بلوز

blusa

پیراهن

camisa

یالان

pulóver

جاکت کلاه دار

buzo

جاکت

blazer

چمپر

campera

کورتی

tapado

کوت بارانی

piloto

لباس مخصوص مراسم

traje

پیراهن

vestido

لباس عروسی

vestido de novia

دریشی

traje

لباس خواب

camisón

پاجامه

pijama

ساری

sari

چادر سر

pañuelo para cabeza

لنگی

turbante

چادری

burka

کفتان

caftán

چادر

abaya

لباس آببازی

traje de baño

نیکر پاچه دار

short de baño

پتلون نصفه

shorts

لباس ورزشی

jogging

پیش بند

delantal

دستکش

guantes

دکمه

botón

عینک

anteojos

دستبند

pulsera

گردن بند

collar

انگشتر

anillo

گوشواره

aro

کلاه پیک دار

gorra

کوت بند

percha

کلاه

sombrero

نیکتایی

corbata

زیپ

cierre

کلاه مصون

casco

بند تنبان

tiradores

یونیفورم مکتب

uniforme escolar

یونیفورم

uniforme

پیش بند
babero

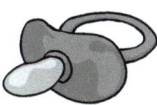

چوشک
chupete

پمپر
pañal

دفتر
oficina

سرور
servidor
الماری اسناد
archivero
پرینتر
impresora
کاغذ
papel
مانیتور
monitor
میز کار
escritorio
ماوس
mouse
فولدر
carpeta
کیبورد
teclado
سبد کاغذ باطله
tacho (de basura)
کمپیوتر
computadora
چوکی
silla

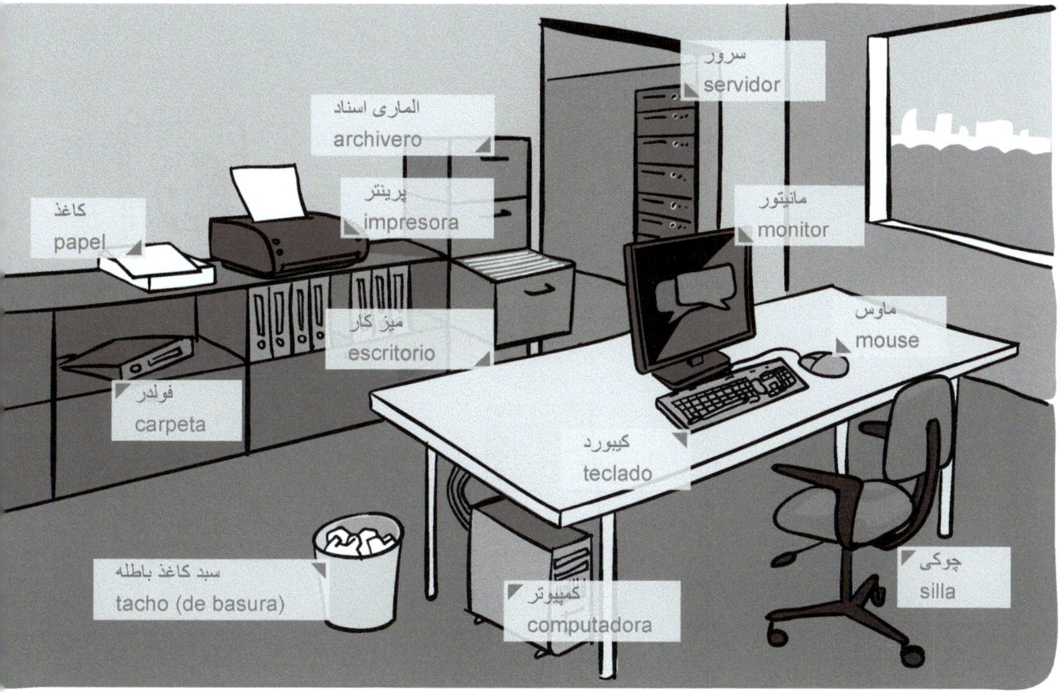

گیلاس قهوه
taza de café

ماشین حساب
calculadora

اینترنت
internet

لپ تاپ

laptop

نامه

carta

پیام

mensaje

موبایل

celular

شبکه

red

ماشین فوتوکاپی

fotocopiadora

نرم افزار

software

تلیفون

teléfono

پلک

tomacorriente

دستگاه فکس

fax

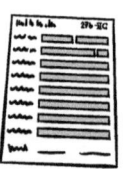

فورمه

formulario

سند

documento

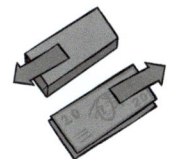

خرید کردن

comprar

پرداختن

pagar

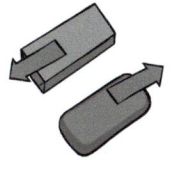

تجارت کردن

hacer negocios

پول

dinero

دالر

dólar

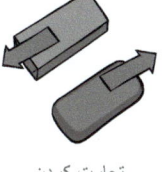

یورو

euro

ین

yen

روبل

rublo

فرانک سوئیس

franco suizo

یوان رنمینبی

yuan

روپیه

rupia

خودپرداز

cajero automático

دفتر صرافی

casa de cambio

طلا

oro

نقره

plata

نفت

petróleo

انرژی

energía

قیمت

precio

قرارداد

contrato

مالیات

impuesto

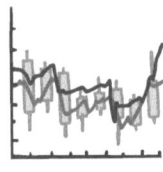

سهام

acción

کار کردن

trabajar

کارمند

empleado

استخدام کننده

empleador

فابریکه

fábrica

مغازه

negocio

شغل ها

ocupaciones

آتش نشان
bombero
افسر پولیس
policía
آشپز
cocinero
داکتر
médico
پیلوت
piloto

باغبان

jardinero

نجار

carpintero

خیاط

modista

قاضی

juez

کیمیا دان

farmacéutico

بازیگر

actor

راننده بس

colectivero

راننده تکسی

taxista

ماهیگیر

pescador

خدمه

mucama

سقف ساز

techista

پیشخدمت

mozo

شکارچی

cazador

نقاش

pintor

نانوا

panadero

برقی

electricista

بنا

albañil

انجنیر

ingeniero

قصاب

carnicero

نلدوان

plomero

پستچی

cartero

سرباز

soldado

معمار

arquitecto

صندوقدار

cajero

گل فروش

florista

آرایشگر

peluquero

مامور تکت ریل

cobrador

میخانیک

mecánico

کاپیتان

capitán

داکتر دندان

dentista

دانشمند

científico

خاخام/ عالم یهودی

rabino

امام

imán

راهب

monje

ملا

sacerdote

ابزار
herramientas

پلاس
tenaza
چکش
martillo
پیچ کش
destornillador
رینچ
llave
چراغ دستی
linterna

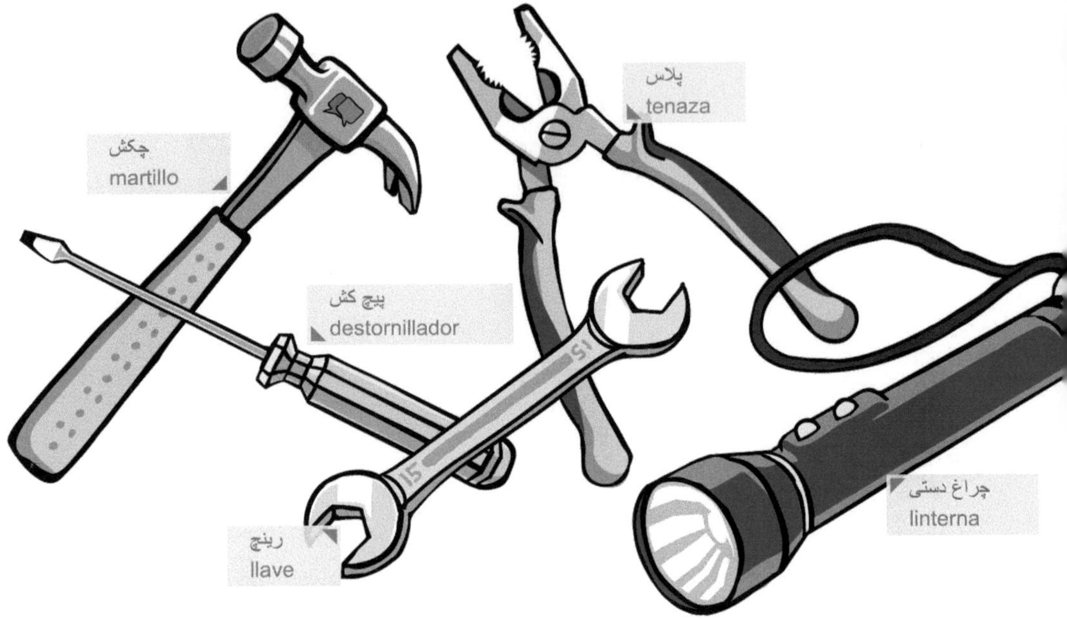

ماشین حفاری
excavadora

جعبه ابزار
caja de herramientas

زینه
escalera portátil

اره
sierra

میخ
clavos

برمه
taladro

ترمیم کردن

arreglar

بیل

pala de jardín

لعنتی!

¡Qué bronca!

خاکروبه

pala de plástico

سطل رنگ

tacho de pintura

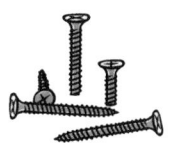

پیچ

tornillos

آلات موسیقی

instrumentos musicales

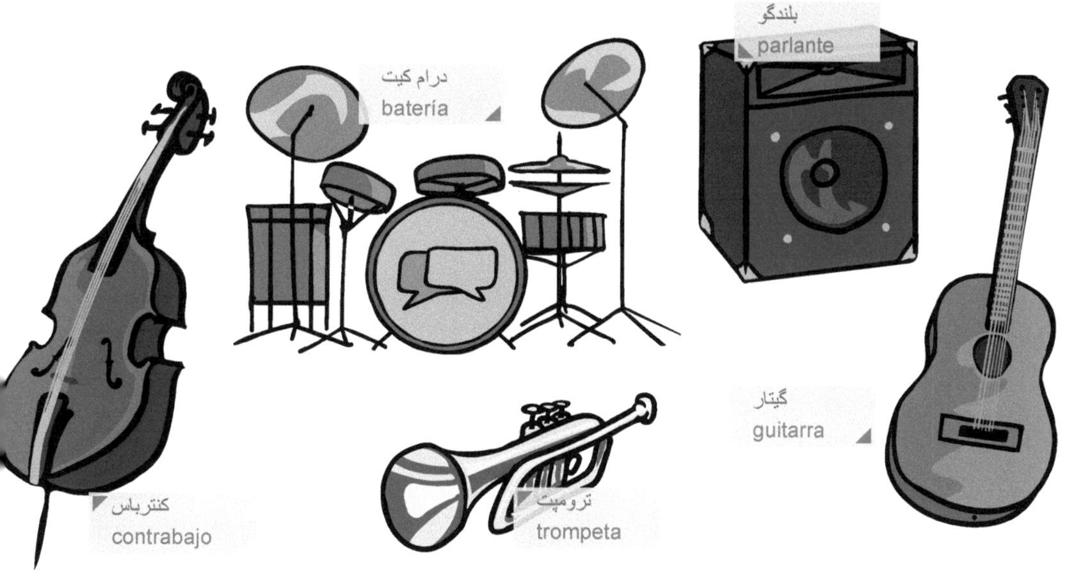

بلندگو
parlante
درام کیت
batería
گیتار
guitarra
کنترباس
contrabajo
ترومپت
trompeta

پیانو

piano

وایلن

violín

گیتار بیس

bajo

دهل

timbales

دول

tambor

پیانوی برقی

teclado

ساکسوفون

saxofón

توله

flauta

میکروفون

micrófono

باغ وحش

zoológico

ورودی
entrada
ببر
tigre
قفس
jaula
گوره خر
cebra
غذای حیوانات
alimento para animales
پاندا
oso panda

حیوانات

animales

فیل

elefante

کانگورو

canguro

غژ گاو

rinoceronte

گوریلا

gorila

خرس

oso

شتر

....

camello

شترمرغ

....

avestruz

شیر

....

león

میمون

....

mono

فلامینگو

....

flamenco

طوطی

....

loro

خرس قطبی

....

oso polar

پنگوئن

....

pingüino

کوسه

....

tiburón

طاووس

....

pavo real

مار

....

serpiente

تمسا

....

cocodrilo

نگهبان باغ وحش

....

cuidador del zoológico

سگ آبی

....

foca

پلنگ خالدار امریکایی

....

jaguar

اسب کوچک

poni

پلنگ

leopardo

اسب آبی

hipopótamo

زرافه

jirafa

عقاب

águila

خوک وحشی

jabalí

ماهی

pescado

سنگ پشت

tortuga

شیر دریایی

morsa

روباه

zorro

غزال

gacela

ورزش ها
deportes

فوتبال امریکایی
fútbol americano
بایسکل سواری
ciclismo
تنیس
tenis
باسکتبال
básquet
آب بازی
natación
هاکی روی یخ
hockey sobre hielo
بوکس
boxeo

فوتبال
....
fútbol

بدمینتون
....
bádminton

ورزشکاری
....
atletismo

هندبال
....
handball

اسکی
....
esquí

پولو
....
polo

فعالیت ها
actividades

خنديدن
reír
خیز زدن
saltar
بغل كردن
abrazar
راه رفتن
caminar
خواندن
cantar
خواب ديدن
soñar
دعا کردن
rezar
بوسيدن
besar

نوشتن

escribir

کشیدن

dibujar

نشان دادن

mostrar

تيله كردن

presionar

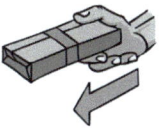

دادن

dar

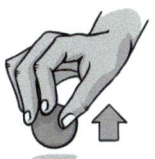

گرفتن

tomar

داشتن

tener

انجام دادن

hacer

بودن

ser

ایستادن

estar parado

دویدن

correr

کش کردن

tirar

پرتاب کردن

tirar

افتادن

caer

دروغ گفتن

estar acostado

صبر کردن

esperar

حمل کردن

llevar

نشستن

estar sentado

لباس پوشیدن

vestirse

خوابیدن

dormir

بیدار شدن

despertar

نگاه کردن

mirar

گریه کردن

llorar

ضربه زدن

acariciar

شانه کردن

peinar

صحبت کردن

hablar

فهمیدن

entender

پرسیدن

preguntar

گوش دادن

escuchar

نوشیدن

beber

خوردن

comer

مرتب کردن

ordenar

عشق ورزیدن

amar

پختن

cocinar

راننده گی کردن

manejar

پرواز کردن

volar

روی آب حرکت کردن

navegar

حساب کردن

calcular

خواندن

leer

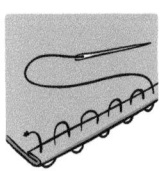

یاد گرفتن

aprender

کار کردن

trabajar

ازدواج کردن

casarse

دوختن

coser

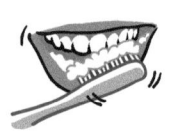

برس کردن دندان ها

cepillarse los dientes

کشتن

matar

سگریت کشیدن

fumar

فرستادن

enviar

فامیل

familia

مادرکلان
abuela
پدرکلان
abuelo
پدر
padre
مادر
madre
نوزاد
bebé
دختر
hija
پسر
hijo

مهمان
invitado

عمه / خاله
tía

ماما/کاکا
tío

برادر
hermano

خواهر
hermana

بدن

cuerpo

پیشانی
frente
چشم
ojo
شانه
hombro
انگشت
dedo
روی
cara
زنخ
pera
دست
mano
پا
pierna
سینه
pecho
بازو
brazo

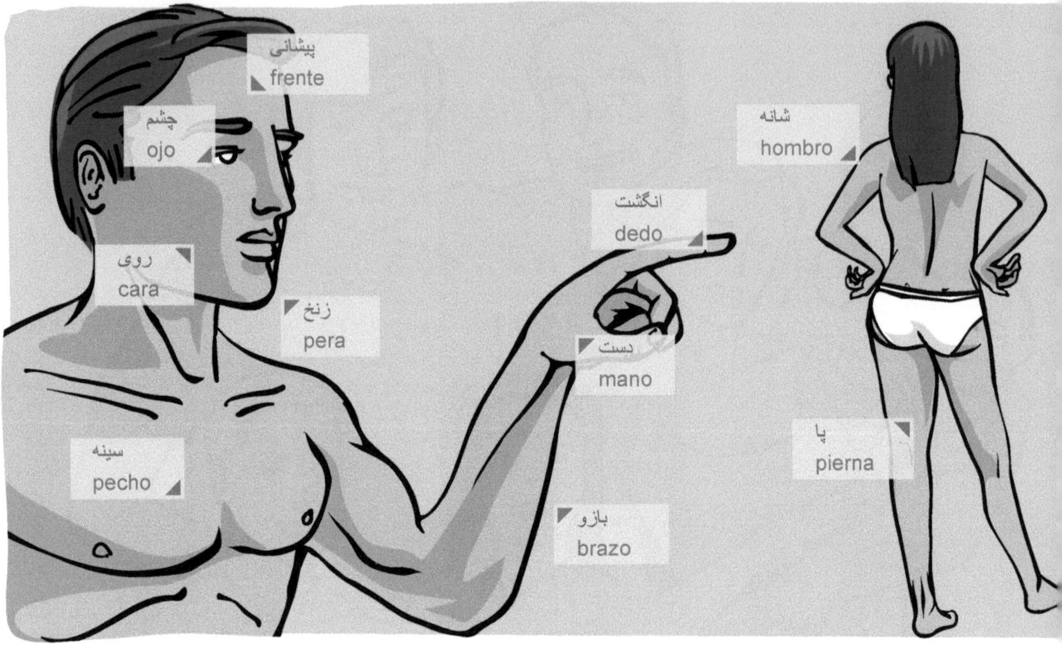

نوزاد

bebé

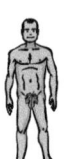

مرد

hombre

زن

mujer

دختر

nena

پسر

nene

سر

cabeza

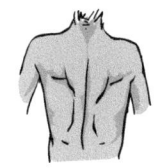

کمر

espalda

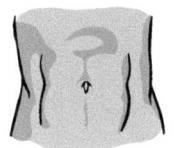

شکم

panza

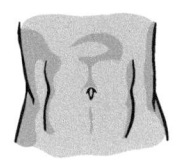

ناف

ombligo

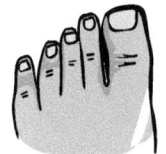

انگشت پا

dedo del pie

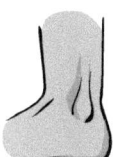

کوری پای

talón

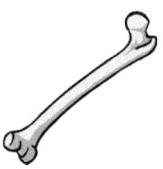

استخوان

hueso

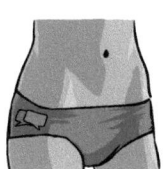

کمر

cadera

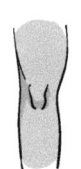

زانو

rodilla

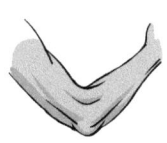

آرنج

codo

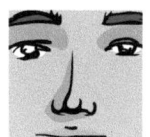

بینی

nariz

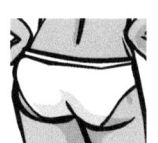

سرین

cola

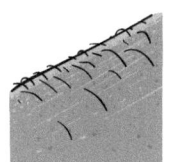

پوست

piel

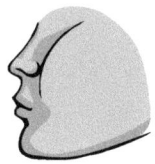

کومه

cachete

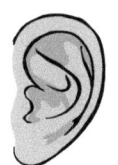

گوش

oreja

لب

labio

دهان

boca

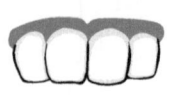

دندان

diente

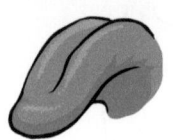

زبان

lengua

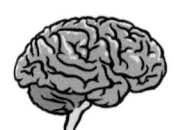

مغز

cerebro

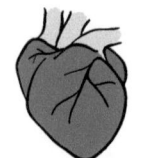

قلب

corazón

عضله

músculo

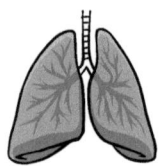

شُش

pulmón

جگر

hígado

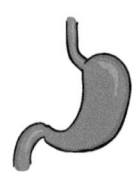

معده

estómago

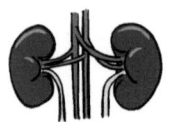

گرده

riñones

رابطه جنسی

sexo

کاندوم

preservativo

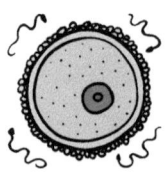

تخمه

óvulo

آب منی

semen

حاملگی

embarazo

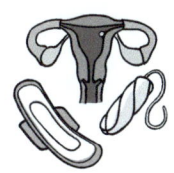

قاعده گی
....
menstruación

مجرای تناسلی زن
....
vagina

آلت تناسلی مرد
....
pene

ابرو
....
ceja

مو
....
pelo

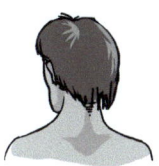

گردن
....
cuello

شفاخانه

hospital

hospital
آمبولانس
ambulancia
چوکی چرخدار
silla de ruedas
شکستگی
fractura

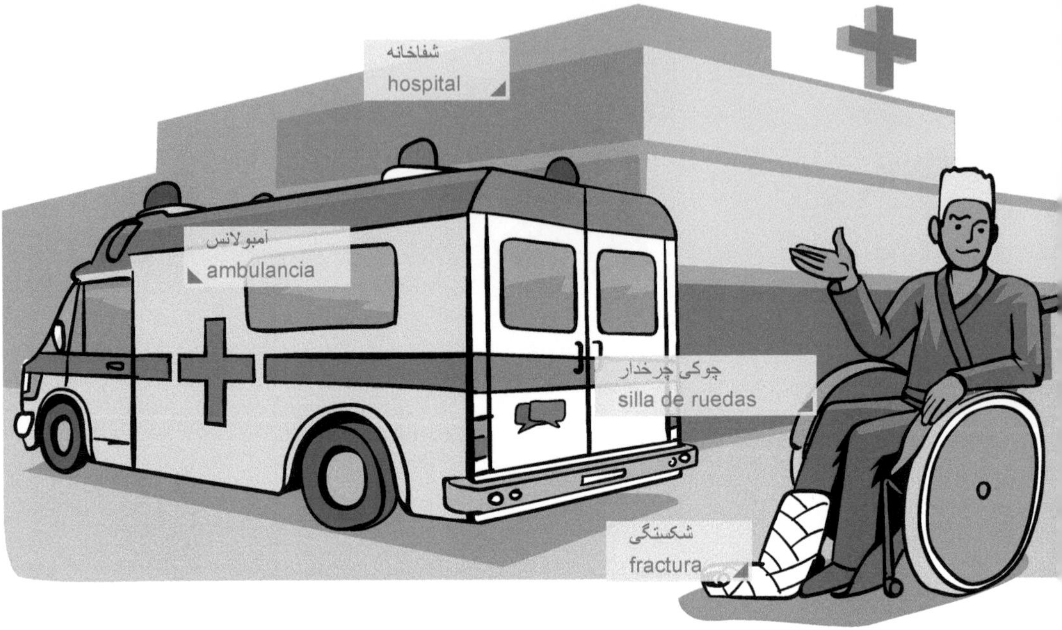

داکتر

médico

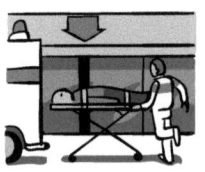

اطاق عاجل

sala de guardia

نرس

enfermera

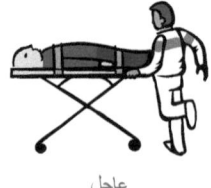

عاجل

emergencia

بیهوش

inconsciente

درد

dolor

جراحت

lesión

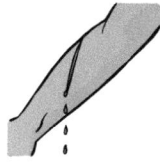

خونریزی

hemorragia

حمله قلبی

infarto

سکته مغزی

ACV

حساسیت

alergia

سرفه

tos

تب

fiebre

انفلوانزا

gripe

اسهال

diarrea

سردرد

dolor de cabeza

سرطان

cáncer

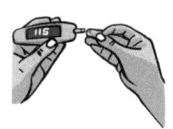

شکر

diabetes

جراح

cirujano

چاقوی جراحی

bisturí

عملیات

operación

سی تی

TC

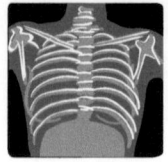

ایکسری

rayos x

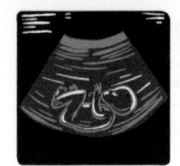

سونوگرافی

ecografía

ماسک روی

barbijo

مریضی

enfermedad

اطاق انتظار

sala de espera

عصا

muleta

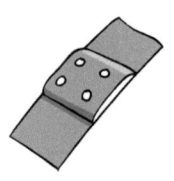

گچ

curita

پانسمان

venda

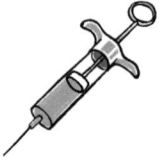

تزریق

inyección

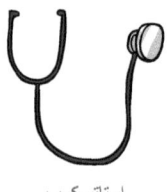

استاتسکوپ

estetoscopio

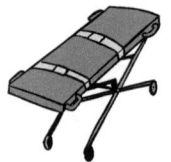

تذکره

camilla

ترمامیتر کلینیکی

termómetro

تولد

nacimiento

اضافه وزن

sobrepeso

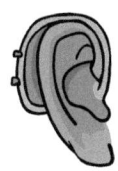

سمعک
....
audífono

ضدعفونی کننده
....
desinfectante

عفونت
....
infección

وایروس
....
virus

اچ آی وی / ایدز
....
VIH / SIDA

ادویه
....
remedio

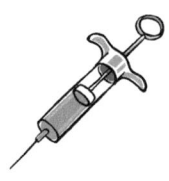

واکسیناسیون
....
vacunación

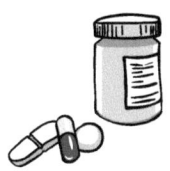

تابلیت ها
....
comprimidos

تابلیت
....
pastilla anticonceptiva

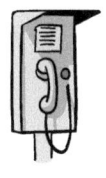

تماس اضطراری
....
llamada de emergencia

مانیتور فشار خون
....
tensiómetro

بیمار / سالم
....
enfermo / sano

عاجل
emergencia

کمک!

¡Ayuda!

زنگ هشدار

alarma

تجاوز

agresión

حمله

ataque

خطر

peligro

خروج اضطراری

salida de emergencia

آتش!

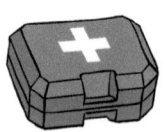

¡Fuego!

آله ضد حریق

matafuego

حادثه

accidente

بکسه کمک های اولیه

botiquín de primeros auxilios

پیام اضطراری

SOS

پولیس

policía

زمین
Tierra

ارووپا
Europa

امریکای شمالی
América del Norte

امریکای جنوبی
América del Sur

آفریقا
África

آسیا
Asia

استرالیا
Australia

اقیانوس اطلس
Atlántico

اقیانوس آرام
Pacífico

اقیانوس هند
Océano Índico

اقیانوس منجمد جنوبی
Océano Antártico

اقیانوس منجمد شمالی
Océano Ártico

قطب شمال
polo norte

قطب جنوب
....
polo sur

قاره قطب جنوب
....
Antártida

زمین
....
Tierra

خشکی
....
tierra

دریا
....
mar

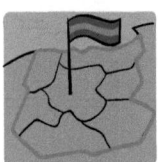

جزیره
....
isla

ملت
....
nación

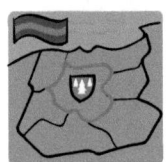

کشور
....
estado

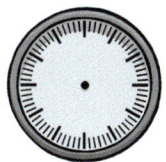

ساعت

reloj

روی ساعت

esfera

عقربه ساعت شمار

manecilla de las horas

عقربه دقیقه شمار

minutero

عقربه ثانیه شمار

segundero

ساعت چند است؟

¿Qué hora es?

روز

día

زمان

hora

اکنون

ahora

ساعت دستی دیجیتل

reloj digital

دقیقه

minuto

ساعت

hora

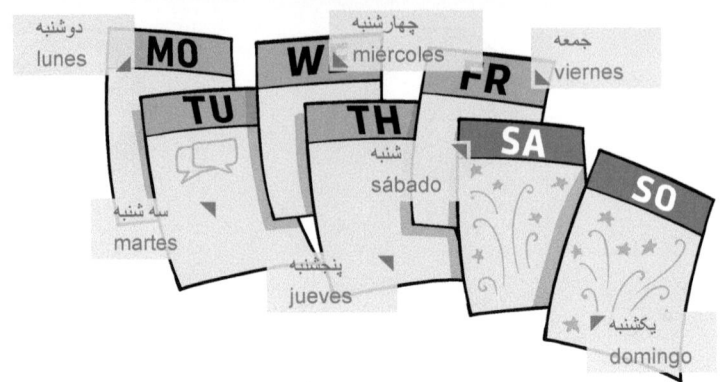

هفته

semana

دوشنبه
lunes
MO
چهارشنبه
miércoles
W
جمعه
viernes
FR
TU
TH
شنبه
sábado
SA
سه شنبه
martes
پنجشنبه
jueves
SO
یکشنبه
domingo

دیروز

ayer

امروز

hoy

فردا

mañana

صبح

mañana

ظهر

mediodía

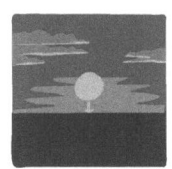

غروب

tarde

روزهای کاری

días hábiles

آخر هفته

fin de semana

باران
lluvia
رنگین کمان
arco iris
شمال
viento
برف
nieve
بهار
primavera
خزان
otoño
تابستان
verano
زمستان
invierno

پیش بینی آب و هوا
....
pronóstico meteorológico

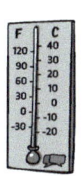

ترمامیتر
....
termómetro

آفتاب
....
luz del sol

ابر
....
nube

غبار
....
niebla

رطوبت
....
humedad

رعد و برق

rayo

الماسک

trueno

طوفان

tormenta

ژاله

granizo

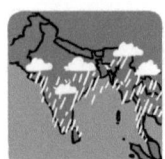

موسم بارندگی

monzón

سیل

inundación

یخ

hielo

جنوری

enero

فبروری

febrero

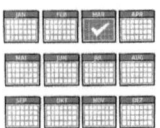

مارچ

marzo

اپریل

abril

می

mayo

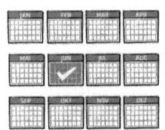

جون

junio

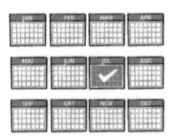

جولای

julio

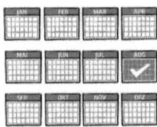

اگست

agosto

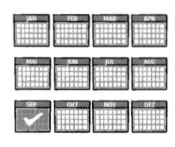

سپتمبر
....
septiembre

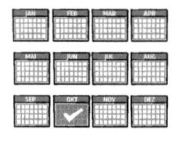

اکتوبر
....
octubre

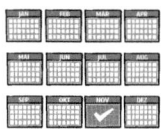

نومبر
....
noviembre

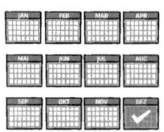

دسمبر
....
diciembre

شکل ها

formas

دایره
....
círculo

مربع
....
cuadrado

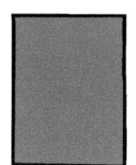

مستطیل
....
rectángulo

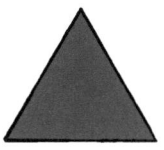

مثلث
....
triángulo

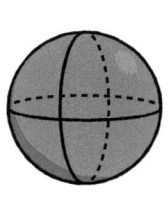

کره
....
esfera

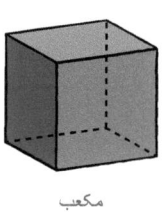

مکعب
....
cubo

رنگ ها

colores

سفید

....

blanco

زرد

....

amarillo

نارنجی

....

naranja

گلابی

....

rosa

سرخ

....

rojo

بنفش

....

violeta

آبی

....

azul

سبز

....

verde

نصواری/قهوه یی

....

marrón

خاکستری

....

gris

سیاه

....

negro

زیاد / کم

mucho / poco

عصبانی / آرام

enojado / tranquilo

مقبول / بدرنگ

lindo / feo

آغاز / پایان

principio / fin

بزرگ / کوچک

grande / chico

روشن / تیره

claro / oscuro

برادر / خواهر

hermano / hermana

پاک / کثیف

limpio / sucio

کامل / ناقص

completo / incompleto

روز / شب

día / noche

مرده / زنده

muerto / vivo

عریض / باریک

ancho / angosto

خوراکی / غیر خوراکی

comestible / no comestible

عصبانی / دوستانه

malo / amable

هیجان زده / کسل

entusiasmado / aburrido

چاق / لاغر

gordo / flaco

اول / آخر

primero / último

دوست / دشمن

amigo / enemigo

پر / خالی

lleno / vacío

سخت / نرم

duro / blando

سنگین / سبک

pesado / liviano

گرسنگی / تشنگی

hambre / sed

بیمار / سالم

enfermo / sano

غیر قانونی / قانونی

ilegal / legal

باهوش / احمق

inteligente / estúpido

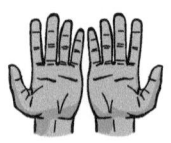

چپ / راست

izquierda / derecha

نزدیک / دور

cerca / lejos

نو / کهنه

nuevo / usado

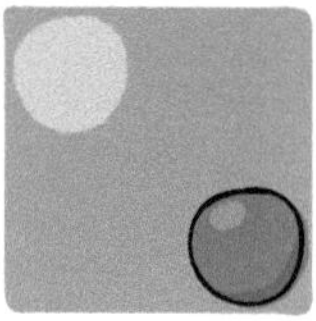

هیچ چیز / چیزی

nada / algo

پیر / جوان

viejo / joven

روشن / خاموش

encendido / apagado

باز / بسته

abierto / cerrado

بی صدا / پر سر و صدا

silencioso / ruidoso

ثروتمند / فقیر

rico / pobre

صحیح / غلط

correcto / incorrecto

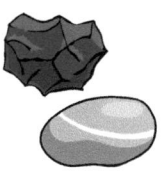

ناهموار/ هموار

áspero / suave

غمگین / خوشحال

triste / contento

کوتاه / بلند

corto / largo

آهسته / سریع

lento / rápido

تر / خشک

mojado / seco

گرم / سرد

caliente / frío

جنگ / صلح

guerra / paz

اعداد
números

0	1	2
صفر .... cero	یک .... uno	دو .... dos
3	4	5
سه .... tres	چهار .... cuatro	پنج .... cinco
6	7	8
شش .... seis	هفت .... siete	هشت .... ocho
9	10	11
نه .... nueve	ده .... diez	یازده .... once

12

دوازده

doce

13

سیزده

trece

14

چهارده

catorce

15

پانزده

quince

16

شانزده

dieciséis

17

هفده

diecisiete

18

هجده

dieciocho

19

نوزده

diecinueve

20

بیست

veinte

100

صد

cien

1.000

هزار

mil

1.000.000

میلیون

millón

زبان ها
idiomas

انگلیسی

inglés

انگلیسی امریکایی

inglés americano

چینی ماندارین

chino mandarín

هندی

hindi

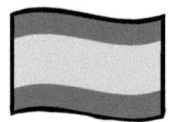

اسپانیایی

español

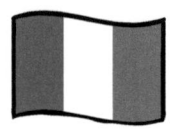

فرانسوی

francés

عربی

árabe

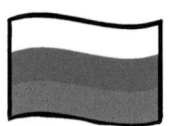

روسی

ruso

پرتغالی

portugués

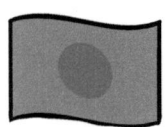

بنگالی

bengalí

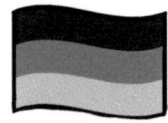

آلمانی

alemán

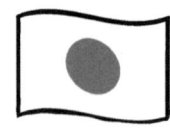

جاپانی

japonés

کی/چی/چطور
quién / qué / cómo

من

yo

شما

vos

او / او / آن

él / ella

ما

nosotros

شما

ustedes

آن ها

ellos

کی؟

¿quién?

چی؟

¿qué?

چطور؟

¿cómo?

کجا؟

¿dónde?

چه وقت؟

¿cuándo?

اسم

nombre

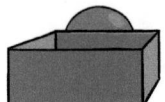

کجا

dónde

عقب

detrás

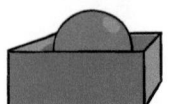

در

en

پیش روی

adelante de

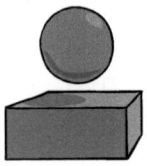

بالا

por encima de

روی

sobre

زیر

debajo de

پهلو

al lado de

میان

entre

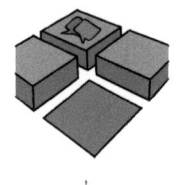

محل

lugar